Jackie Robinson
Leyenda del béisbol

Grace Hansen

Abdo
BIOGRAFÍAS: PERSONAS QUE
HAN HECHO HISTORIA
Kids

abdopublishing.com

Published by Abdo Kids, a division of ABDO, PO Box 398166, Minneapolis, Minnesota 55439.

Copyright © 2017 by Abdo Consulting Group, Inc. International copyrights reserved in all countries.
No part of this book may be reproduced in any form without written permission from the publisher.

Printed in the United States of America, North Mankato, Minnesota.

052016

092016

 THIS BOOK CONTAINS
RECYCLED MATERIALS

Spanish Translator: Maria Puchol, Pablo Viedma

Photo Credits: AP Images, Corbis, Getty Images, iStock, © Michael Rivera / CC-SA-3.0 p.5

Production Contributors: Teddy Borth, Jennie Forsberg, Grace Hansen

Design Contributors: Laura Rask, Dorothy Toth

Publishers Cataloging-in-Publication Data

Names: Hansen, Grace, author.

Title: Jackie Robinson: Leyenda del béisbol / by Grace Hansen.

Other titles: Jackie Robinson: baseball legend. Spanish

Description: Minneapolis, MN : Abdo Kids, [2017] | Series: Biografías: Personas que han hecho historia |
   Includes bibliographical references and index.

Identifiers: LCCN 2016934889 | ISBN 9781680807387 (lib. bdg.) |
   ISBN 9781680808407 (ebook)

Subjects: LCSH: Robinson, Jackie, 1919-1972--Juvenile literature. | Baseball players--United States--Biography--Juvenile literature. | African American baseball players--Juvenile literature. | Spanish language materials--Juvenile literature.

Classification: DDC 796.357092 [B]--dc23

LC record available at http://lccn.loc.gov/2016934889

Contenido

Primeros años de vida

Jackie Robinson nació el 31 de
enero de 1919 en Cairo, Georgia.

Georgia

Jackie fue muy buen atleta.
Jugaba a béisbol, a baloncesto
y a fútbol americano. También
hacía atletismo.

Estudió en **UCLA**. Consiguió lo que en inglés se llaman **varsity** letters de cuatro deportes. Fue el primer atleta de UCLA en conseguirlas.

Los Monarchs de Kansas City

Jackie ya no podía permitirse continuar en **UCLA**. Se fue al ejército dos años. Después empezó a jugar con los Monarchs de Kansas City. Era un equipo sólo de afroamericanos.

10

11

Familia

Jackie se casó en 1946 con

Rachel Islum. Tuvieron tres hijos.

Rompe la barrera del color de piel

Branch Rickey era el presidente de los Dodgers de Brooklyn. En 1945 le pidió a Jackie que jugara con ellos. Jackie iba a ser el primer hombre afroamericano del equipo.

15

Jackie jugó muy bien su primer año de **novato**. Pero sufrió el **racismo**. Fue muy duro para él.

Su carrera con los Dodgers

Jackie jugó 10 años a béisbol.

No sólo fue un gran jugador.

Consiguió terminar con la **segregación** en el béisbol.

Su vida después del béisbol

Después del béisbol Jackie ayudó con el **cambio social**. También fue un hombre de negocios. Murió el 24 de octubre de 1972.

21

Línea cronológica

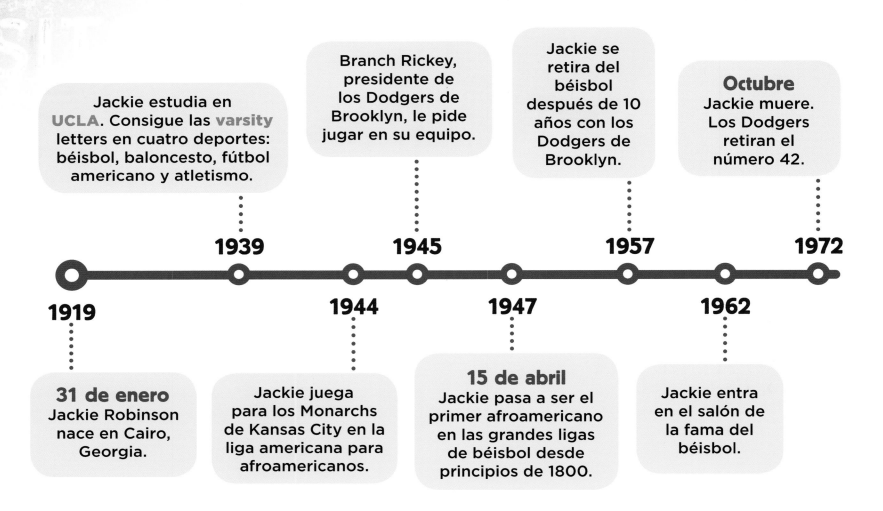

Jackie estudia en **UCLA**. Consigue las **varsity** letters en cuatro deportes: béisbol, baloncesto, fútbol americano y atletismo.

Branch Rickey, presidente de los Dodgers de Brooklyn, le pide jugar en su equipo.

Jackie se retira del béisbol después de 10 años con los Dodgers de Brooklyn.

Octubre
Jackie muere. Los Dodgers retiran el número 42.

1939 **1945** **1957** **1972**

1919 **1944** **1947** **1962**

31 de enero
Jackie Robinson nace en Cairo, Georgia.

Jackie juega para los Monarchs de Kansas City en la liga americana para afroamericanos.

15 de abril
Jackie pasa a ser el primer afroamericano en las grandes ligas de béisbol desde principios de 1800.

Jackie entra en el salón de la fama del béisbol.

22

Glosario

cambio social – se refiere a un cambio de la manera en que funciona la sociedad. Jackie Robinson quería cambiar el tipo de vida que los afroamericanos tenían en Estados Unidos.

novato – deportista en su primer año en un deporte.

racismo – maltratar a personas o usar la violencia contra ellas por el color de su piel.

segregación – mantener separada a la gente por razones de raza, religion, etc.

UCLA – siglas para Universidad de California, Los Ángeles.

varsity – equipo principal de cualquier deporte de una escuela secundaria o universidad. Todos los jugadores en este equipo ganan una letra de tela. Esta letra es como un premio.

23

Índice

abdokids.com

¡Usa este código para entrar en abdokids.com y tener acceso a juegos, arte, videos y mucho más!

Código Abdo Kids:
HJK7013